LETTRE A UN DÉPUTÉ

SUR L'ADMINISTRATION CIVILE EN ALGÉRIE

ET

LES CRÉDITS DEMANDÉS POUR 1846.

Paris, 30 mai 1845.

L'ordonnance du 15 avril dernier, l'organisation qu'elle donne à l'administration civile en Algérie, les crédits demandés pour en assurer l'exécution, ont été l'objet de quelques critiques.

Avant d'adopter un avis, vous désirez, mon honorable ami, entendre quelques explications, et c'est à moi que vous les demandez, à moi fonctionnaire public ! Mais si je vous réponds, les uns m'accuseront de plaider dans ma propre cause, les autres, ames charitables, crieront à l'intrigue. N'importe ! De ceux qui me connaissent, je ne crains pas le soupçon ; de ceux qui ne me connaissent pas, j'ai dans le cœur de quoi le braver. Étranger aux Chambres, presque étranger au monde, j'intrigue à ma manière, du fond de mon cabinet, avec des idées, des faits et la logique. J'écris avec les convictions formées par douze années de séjour en Afrique, lisez-moi avec votre conscience.

Et d'abord, j'ai entendu dire que la commission, en demandant certaines réductions, avait voulu, en quelque sorte, donner un avertissement au ministère, et lui rappeler qu'avant de soumettre au roi des projets d'organisation, il fallait obtenir des Chambres les crédits nécessaires pour la mise à exécution.

L'observation est fondée en principe.

Mais sommes-nous sur un théâtre où vous puissiez prévoir, dix-huit mois à l'avance, toutes les dépenses? N'êtes-vous pas, chaque année, conduits à voter des crédits supplémentaires? Les progrès de tous genres qui se développent sous l'influence des belles opérations militaires de M. le maréchal Bugeaud, ne changent-ils pas à chaque instant la face du pays, sa population, ses besoins, et par conséquent aussi les besoins de l'administration publique? Serait-il sage, en attendant les dix-huit mois qui s'écoulent entre la préparation du budget et sa mise à exécution, de laisser les procès sans juges, les perceptions sans comptables ou sans contrôle, les populations sans administrateurs, l'ensemble du service sans direction?

Le bon ordre que vous réclamez avec tant de raison, les institutions protectrices de tous les intérêts, la législation qui fixe les droits et les devoirs, les études et les reconnaissances qui déterminent la propriété, les opérations qui font connaître le mouvement commercial, les revenus, les richesses domaniales, minéralogiques et forestières; les immenses travaux qui, d'un pays barbare et couvert de ruines, font péniblement et peu à peu un pays peuplé, civilisé, cultivé, où vous avez déjà un commerce de 80 millions, où la France possède déjà pour 100 millions de propriétés immobilières, se produisent-ils d'eux-mêmes, comme l'herbe des champs? Quand la population, les capitaux, le commerce, les industries augmentent, pouvez-vous vous étonner de ce que l'administration augmente également? pouvez-vous le regretter? Et quand, au milieu du conflit des opinions, il faut deux années pour préparer les combinaisons les plus simples, faut-il attendre que les crédits soient demandés pour les mettre à l'étude? Et quand après de longs travaux les pouvoirs sont d'accord sur ces combinaisons, faut-il laisser tout en suspens et ouvrir la porte à toutes les ambitions en attendant que ces crédits soient votés? Aujourd'hui tout est suspendu de fait : vous y perdez deux fois le montant des crédits qu'on vous demande, et la stagnation serait bien plus longue, bien plus fâcheuse dans ses résultats, si, les projets préparés, il fallait attendre dix-huit mois avant de les mettre à exécution; et toutes les conséquences seraient bien autrement funestes encore si, les projets faits et nécessairement connus à l'avance, il fallait encore les changer, parce que les crédits n'auraient pas été votés.

Les choses extraordinaires échappent aux lois ordinaires : la fondation d'une societé nouvelle est une œuvre pleine de grandeur, mais pleine aussi de sacrifices. Ce n'est pas avec les procédés réguliers applicables à un état de choses normal qu'on parviendra à l'accomplir ; l'ordre légal n'est pas toujours l'ordre logique, la réduction des dépenses n'est pas toujours l'économie, la sagesse et la prévoyance que les Chambres appliquent aux intérêts de la métropole ne sont pas toujours sagesse et prévoyance en Algérie.

Sans aucun doute, c'est une loi souveraine que nulle dépense ne peut être faite sans un crédit préalable ; nous sommes tous autant que vous, mon honorable ami, pénétré de la gravité de cette obligation, et quand nous défendons une exception temporaire, accidentelle, forcée, nous rendons hommage au principe. Je conçois qu'il soit appliqué dans sa sévérité absolue à toute dépense qui entraîne la France dans une extension de domination plus grande que celle qu'elle admet ; mais peut-on, est-il sage de l'appliquer au début, quand les dépenses nouvelles sont la conséquence inévitable du développement naturel des choses, un moyen de conservation, d'ordre et de progrès, l'exécution d'une promesse faite, parce ce qu'elle a été exigée ?

Chose étrange et qui peut-être signale trop à l'histoire un trait distinctif de notre caractère national !

Il y a deux ans, quand le gouverneur général n'avait pas encore complété cette merveilleuse série d'opérations militaires si habilement combinées, si activement conduites, qui vous ont donné la plus grande et la plus belle partie de l'Algérie, une commission s'assemblait pour préparer la voie à la réforme de l'administration civile. L'année dernière, quand les tribus harcelées dans toutes leurs retraites étaient à peine vaincues, déjà, de toutes parts on disait : que la guerre était finie, qu'il fallait rentrer l'épée dans le fourreau et prendre la charrue ; qu'on devait organiser l'administration civile sur des bases plus larges, donner des garanties sérieuses aux nombreux intérêts que les Français se créent journellement en Algérie, assurer la régularité des services, etc., etc., les plus modérés demandaient avec instance qu'on fît marcher de front l'affermissement de la domination à l'intérieur, le développement de la colonisation, de l'agriculture et du commerce sur le littoral.

Vous n'avez voté le budget de 1845 que sur l'engagement formel pris par le ministre de la guerre de préparer, dans la limite du possible, les mesures propres à faire obtenir ces résultats.

Le ministre a tenu sa promesse ; mettant à profit les utiles travaux de la commission de colonisation, il a, depuis le mois de juillet 1844, préparé, étudié, soumis à des discussions contradictoires, les combinaisons compatibles avec l'état politique actuel du pays ; le roi a santionné ces mesures.

Et la Chambre refuserait les crédits !

Par quelle singulière disposition de notre esprit, ce que fait le Gouvernement est-il toujours ce qu'il n'aurait pas fallu qu'il fît ? S'il n'agit pas, on le pousse, on le harcelle, on l'accuse de ne pas oser ; on dit qu'il n'a ni savoir, ni vouloir ; agit-il, on le blâme d'avoir agi.

Et pourquoi ce refus ? Parce que l'ordonnance a paru avant la demande des crédits !... Ainsi, on a voulu la fin et on refuserait les moyens ! Par raison d'économie ? Mais quelle est donc l'amélioration administrative qui ne commence pas par imposer des charges ? Parce que ces dispositions ne paraissent pas les meilleures à prendre ? Mais entre ceux qui trouvent qu'on a trop fait pour les intérêts civils et ceux qui demandaient qu'on fît beaucoup plus, où est la vérité, où est la raison pratique ? Que diront ceux qui, l'année dernière, demandaient qu'on fît quelque chose, à ceux qui, cette année, demandent qu'on ne fasse rien ?

Placé entre toutes les opinions, entre tous les systèmes, entre les idées exclusivement militaires et les idées exclusivement civiles, le Gouvernement a consulté les faits qui passent journellement sous ses yeux depuis quatorze ans ; il a planté son drapeau d'une main ferme ; il a fait la part à toutes les exigences dans les limites assignées par la raison d'état; sans se jeter dans les vaines théories, dans des combinaisons sans bases actuellement possibles en Algérie, il s'est arrêté, après de sérieuses études, aux combinaisons simples et éminemment pratiques qui donnent des garanties suffisantes aux intérêts politiques, militaires et civils. Il a rempli ses engagemens.

De ces considérations générales voulez-vous, mon ami , descendre dans le détail des institutions nouvelles et des crédits demandés ?...

Voyons, examinons et commençons par dire un mot sur un point de fait qui domine ces questions.

La population civile européenne qui a triplé en trois ans et qui augmente de jour en jour, était, au 31 décembre dernier, de 85,000 habitans.

On s'étonne qu'il soit nécessaire d'avoir pour administrer ces 85,000 ames, un personnel aussi nombreux que celui qui est demandé pour l'Algérie.

Ce calcul, si logique en apparence, est gros d'erreurs.

En premier lieu , ce chiffre n'est pas exact; il faut ajouter à cette population nécessairement éparpillée sur un littoral de 250 lieues, la population indigène, maure, israélite et arabe établie dans les villes et sur les territoires qui les avoisinent ; il faut ajouter celle de l'intérieur de l'Algérie, que ses affaires amènent si souvent dans les bureaux.

L'ensemble de ces populations s'élève à plus de deux cent mille ames ; elle donne une masse d'affaires que ne donnerait pas une population décuple en France.

En France, en effet, dans nos arrondissemens, nous avons plus des neuf dixièmes de la population totale qui n'a jamais affaire à l'Administration , pas même pour demander une quittance de contributions ; en Algérie, au contraire, dans l'état des choses actuel et tel qu'il sera long-temps encore, il n'est pas un habitant, européen ou indigène, cultivateur ou négociant, homme, femme ou enfant, qui, d'une manière ou de l'autre, ne doive avoir recours à l'Administration.

Administrer 85, — 200, — 500 mille ames réunies paisiblement sur un territoire restreint, dans les conditions où se trouve la France , c'est chose simple et facile.

En Algérie, il n'en est pas de même.

En France, généralement, les intérêts sont connus et définis, la propriété est délimitée et fixée, la population est homogène

et assise , la législation est faite, les services publics sont assu-
rés, les édifices sont construits, le pays est couvert de routes
et d'habitations ; vous avez partout! l'ordre, la sécurité et la
paix ; vous avez toutes les branches de la fortune publique et
privée, qui se développent sous la protection du droit public
et de vos institutions.

Vous avez des chambres, des ministères, de vastes administrations, un conseil d'état, des conseils pour le commerce et
l'agriculture , pour les arts et les manufactures , pour les bâtimens civils, pour tout.

Vous avez le concours de toutes les sociétés savantes, l'af-
fluence de toutes les lumières, le secours de toutes les expé-
riences.

Vous connaisssz toutes les propriétés, toutes les forêts, toutes
les usines, tous les produits de la terre et de l'industrie, toutes
les conditions du commerce et de l'agriculture, etc.

En Algérie, tous les intérêts étaient à étudier, non seulement
en eux-mêmes, mais encore dans leurs rapports avec la France
et l'étranger; toutes les législations étaient à combiner, toutes
les administrations à organiser, tous les bâtimens à construire,
tous les travaux à faire, tous les services publics à créer. Et
pour tenir lieu de toutes ces forces administratives, qui font
l'honneur de la France , vous avez en Algérie deux principaux
fonctionnaires , des chefs de service du rang le plus modeste,
quelques bureaux et des agens d'exécution chargés constamment
d'attributions bien supérieures à celles que peut faire supposer
la modicité de leur traitement.

On ne crée pas avec les moyens qui suffisent pour maintenir
et améliorer. Il est tout aussi long de faire une loi pour 85,000
habitans que pour 32 millions ; tout aussi long d'écrire une
instruction pour 200 employés que pour 10 mille ; tout aussi
long de liquider et de percevoir les droits d'enregistrement et
de douane du tarif algérien, que ceux du tarif de France, bien
que les premiers soient la moitié, le tiers ou le quart des autres
dans les mêmes cas de perception.

Ainsi, pour un grand nombre de travaux, il nous faut inévitablement autant de personnel qu'il en faudrait en France où
la population est beaucoup plus considérable.

L'administration française est belle, mais elle est compliquée, formaliste, surchargée de détails et de justifications que les demandes des chambres augmentent journellement. Nous avons à faire tout le travail qui est prescrit en France, dans les mairies, dans les préfectures, dans les administrations financières; nous avons de plus celui qui est spécial à l'Algérie.

Ainsi, pour citer quelques faits, puisque les faits valent tous les argumens : à côté de l'état civil européen, il faut créer celui des israélites, il faut tendre à créer celui des musulmans ; il faut que la police surveille l'arrivée et le départ de trente mille voyageurs qui annuellement nous arrivent en Algérie, de tous les coins de l'Europe, ou qui retournent sur le continent ; il faut que cette surveillance s'étende à une population composée de toutes les nations : Français, Espagnols, Napolitains, Sardes, Mahonnais, Maltais, Siciliens, Grecs, Allemands, Maures, Arabes, Kabyles, Bisckris, Mozabites, etc., etc. Il faut que les soins relatifs au culte s'étendent à quatre religions : catholiques, protestans, musulmans, israélites ; il faut que l'instruction publique et la charité aillent, par des voies différentes, trouver les enfans et les pauvres de ces quatre communions, etc., etc.

Pour le service actif, le travail, plus pénible qu'en France, en raison du climat, de la difficulté des communications, de la rareté des habitations, est aussi plus compliqué.

L'installation d'une seule famille exige le concours de plusieurs agens et des opérations combinées : recherche de la propriété, discussion des prétentions qui la disputent, fixation des limites, levé du plan, indication des conditions de la vente ou de la concession, examen de la famille et de ses ressources, rapport administratif, discussion en conseil, envoi au ministre, délivrance de l'acte, établissement matériel, construction de la maison ou délivrance des matériaux, surveillances, etc; et ce travail se reproduit deux cents fois dans l'année si vous installez deux cents familles par an.

Quelques familles sont à peine réunies l'une près de l'autre, que les contestations s'élèvent ; abandonnerez-vous ces familles à elles-mêmes ? L'ordre et la raison veulent que vous leur donniez un magistrat qui arrange leurs différends, règle leurs intérêts, écoute leurs réclamations, étudie leurs besoins et les transmette à l'autorité. L'humanité demande que vous assuriez les secours de la médecine à ces cultivateurs pauvres encore, disséminés dans les campagnes ; la morale veut que vous leur donniez l'assistance de la religion ; l'intérêt de la colonisation prescrit de les aider dans leurs travaux et de faciliter les moyens de communication.

De là la création des commissaires civils tels que les a institués sur des bases nouvelles l'ordonnance du 15 avril, celle du service médical que le Gouvernement prépare, celle des justices de paix qu'il étend graduellement. De là les églises qui s'élèvent et les travaux que l'on paie sans pouvoir récompenser l'admirable dévoûment de l'armée qui les exécute.

Des écrivains supposent que le régime municipal, la création du conseil municipal, etc., pourvoiraient à tout et que la population grandirait comme par enchantement. Nos colons ne forment pas le même vœu ; ils demandent le commissaire civil, le juge de paix, le curé ; ils préfèrent à des théories l'église, la fontaine, le lavoir public, l'école et la gendarmerie, et pour créer tout cela, il faut des intelligences, des bras et des crédits.

De même que l'on calcule les besoins présumés du personnel, d'après cette base si erronée de la population européenne, de même on compare la direction de l'intérieur à une préfecture, la direction des finances à celle d'un service financier.

Est-il en France une préfecture, même de premier ordre, qui ait à remplir la tâche dont est chargée en Algérie la direction de l'intérieur et des travaux publics ? En est-il une qui ait à étudier et combiner les dispositions législatives nécessaires pour la création des nombreux services qui relèvent d'elle : administration proprement dite, culte, instruction publique, police, agriculture, ponts et chaussées, bâtimens publics, mines, milices, hospices, aumônes, établissemens de charité, etc., etc. ? En est-il une qui ait à faire tout le travail matériel qu'exigent, au début, ces différentes branches de l'administration publique et la fondation des villages avec les soins compliqués et la responsabilité morale qu'ils entraînent ?

Est-il en France un service financier qui réunisse la direction de l'enregistrement, du domaine, des douanes, des contributions diverses, des forêts, du levé des plans du territoire, de l'administration des revenus locaux et municipaux? En est-il une qui ait à préparer la législation sur ces matières, à en suivre l'effet, à étudier tant de questions locales sur le commerce, les impôts de toute nature, le crédit, les monnaies, les exploitations, les droits de la propriété, le sequestre et une administration domaniale qui, à elle seule, donne autant de produits et dix fois plus de travail que tout le domaine en France, parce qu'ici tout est connu, que là tout est à connaître et que les premières années de la conquête vous ont légué des difficultés inextricables?

Je ne pousse pas plus loin ce rapprochement qui pourrait s'étendre à toutes les branches du service.

Il ne s'agit pas d'administrer 85,000 ames, il s'agit de peupler l'Algérie et de gouverner les Arabes.

Au lieu de dénombrer simplement la population européenne, il faut calculer le nombre des affaires, leur nature compliquée, les obligations qu'elles imposent, les opérations qu'elles exigent.

La commission du budget a compté les agens; il lui manque l'autre terme de comparaison : les affaires.

On dit au gouvernement : Occupez-vous des travaux de la paix, fondez le bon ordre, administrez les populations arabes, augmentez la population européenne, bâtissez des villes, étendez le commerce jusque par delà le désert, activez l'agriculture, multipliez les plantations, assurez l'abondance des eaux, ménagez les irrigations, chassez l'insalubrité, faites produire les matières premières qui alimenteront, dans la métropole, la fabrication, le commerce et la navigation, couvrez le pays conquis de routes et de ponts, moralisez, instruisez, civilisez, préparez à la France un royaume nouveau qui augmente sa puissance et le dédommage un jour de ses sacrifices .. Pour accomplir cette œuvre immense, et que *la raison d'état conseille d'activer...* tout est à faire... mais vous n'aurez ni le personnel que votre expérience juge nécessaire, ni les crédits que vous demandez.

Les considérations qui précèdent étaient nécessaires pour vous faire apprécier l'utilité des institutions créées par l'ordonnance du 15 avril dernier.

Je parle pour mémoire seulement de la direction générale des affaires civiles.

Absorbé par les soins multipliés que réclame un vaste commandement, la politique et les intérêts généraux, notre illustre gouverneur, si infatigable qu'il soit à la tête de ses soldats comme dans le cabinet, ne pouvait toujours trouver le temps nécessaire pour suivre les affaires purement administratives et étudier tant d'intérêts divers, souvent contradictoires, entre lesquels il faut tenir la balance. Dès le mois de septembre 1843, il avait demandé qu'un fonctionnaire fût placé auprès de lui pour l'aider dans la direction de l'ensemble. Le directeur général est son chef d'état major pour les affaires civiles, il reçoit la pensée du gouverneur et la fait exécuter en son nom. Cette création paraît avoir été comprise et approuvée.

On n'a pas également approuvé l'adjonction au conseil supérieur de trois conseillers rapporteurs.

Il suffira des plus simples explications pour faire comprendre qu'il y a dans cette création autant d'utilité réelle que de garanties morales pour le public, pour le ministre, et surtout pour le gouverneur général.

Indépendamment des affaires contentieuses déférées aujourd'hui à un conseil spécial dont les membres du moins ne seront plus à la fois juges et parties, le conseil supérieur donne son avis au gouverneur général et au ministre sur plus de cinq cents affaires qui lui sont soumises annuellement. Elles concernent la législation, l'organisation des services, les réglemens administratifs et de police, la colonisation, l'agriculture, le commerce, les établissemens de tout genre à faire autoriser par le gouvernement, les travaux des ponts et chaussées, ceux des bâtimens civils, les adjudications, plans, devis et cahiers des charges, les marchés de fourniture et traités d'exploitation, les aliénations, concessions ou restitutions d'immeubles, les budgets des recettes et dépenses civiles, ceux des recettes et dépences locales et municipales, les tarifs, les budjets et les comptes, etc., etc.

Le conseil d'administration était composé, outre le gouvernement général, de trois fonctionnaires militaires et de trois fonctionnaires civils, tous également absorbés par les affaires administratives dont ils sont surchargés et qui ne peuvent y suffire. Comment donc auraient-ils pu se livrer à l'examen attentif de cinq cents propositions plus importantes les unes que les autres? Il faut l'avouer, cela était impossible; personne n'avait le temps de se livrer à un examen préalable un peu approfondi.

Cet inconvénient avait frappé tout le monde ; le gouvernement, l'administration, la commission de colonisation, en avaient cherché le remède, il était réclamé avec instance. L'ordonnance y a pourvu dans une juste mesure.

Tous les intérêts civils, politiques et militaires sont représentés au conseil supérieur.

Les conseillers-rapporteurs, libres de consacrer tout leur temps à l'examen des quatre à cinq cents affaires qui leur seront présentées annuellement, sont à ce conseil ce que les commissions sont à la Chambre des députés. Ils ont pour mission spéciale de se livrer à l'examen réfléchi de ces affaires, de vérifier les calculs, de faire les recherches ou les vérifications propres à faire apprécier chaque proposition dans sa cause, son but et ses moyens.

Cet examen contradictoire amènera un contrôle efficace des mesures projetées, il fournira à la discussion des élémens sérieux et complets qui lui ont manqué jusqu'à ce jour, il fortifiera l'administration elle-même par la certitude de ce contrôle; il sera une garantie réelle tant pour le ministre qui prononce en dernier ressort que pour le gouverneur général qui approuve ou rejette les avis du conseil et porte aux yeux du gouvernement la responsabilité du rejet ou de l'approbation.

La création du conseil du contentieux a été parfaitement appréciée ; mais on s'élève contre les traitemens ; les diminuer, ce serait affaiblir les garanties mêmes qui résultent de cette institution.

Appelés à juger les procès administratifs et à faire un premier examen des projets de législation pour que toutes les opinions, tous les intérêts puissent être entendus, les membres du conseil du contentieux doivent avoir de l'expérience pratique, du savoir, et cette indépendance de fait qui laisse à l'esprit et à la conscience toute leur liberté.

Si l'on veut prendre les conseillers dans un rang très secondaire, ils se contenteront sans doute d'un traitement inférieur à celui qui leur est alloué par l'ordonnance du 15 avril; mais alors ou ces conseillers n'auront pas les qualités requises pour que leur concours soit sérieusement utile, ou ils regarderont le passage au conseil comme un moyen de parvenir plus haut ; et dans un cas comme dans l'autre, à tort ou à raison, le public ne trouvera plus dans l'institution toutes les garanties que le gouvernement du roi avait voulu lui donner.

Vous ne pouvez avoir des *conseillers élus* ; placez donc les vôtres dans une position qui , en assurant et leur dignité et leur indépendance, commande à la fois le respect et la confiance.

La création d'une sous-direction pour l'arrondissement d'Alger a été également l'objet de critiques?

Que dire à cela si ce n'est qu'on est à une distance immense des faits et de la vérité. On oublie toujours qu'autre chose est de créer une société, ses lois, ses institutions, ses propriétés, ses édifices les plus indispensables ; autre chose d'administrer une vieille société assise et dotée par les siècles de tout ce qui est utile aux hommes assemblés dans un pays parvenu à une haute civilisation.

Comment se fait-il que l'on compare toujours cette contrée, où tout est à faire avec la France où tout est fait? Comment se fait-il que des hommes étrangers aux affaires de l'Algérie trouvent le personnel trop nombreux , quand le gouverneur le plus infatigable qui puisse se rencontrer est obligé de s'écrier : Nous sommes tous insuffisans ! Quand les inspecteurs-généraux de tous les services que la France envoie chaque année en Algérie, signalent partout l'insuffisance du personnel comme une des causes de la lenteur des progrès en tous genres ?

Je vous l'ai déjà démontré, la direction de l'intérieur et des travaux publics ne peut être comparée à aucune préfecture; elle est autant un ministère que l'Algérie est un royaume.

Les véritables préfectures, ce sont les sous-directions d'arrondissement. Celui d'Alger comprendra l'administration d'une ville de 50,000 ames, où il y a un mouvement prodigieux d'affaires , une banlieue très peuplée, et une dixaine de villages en construction.

Le directeur de l'intérieur, en se multipliant, grace à une

activité infatigable, a pu jusqu'à présent satisfaire à ses principales obligations ; mais la tàche toujours croissante finit par dépasser les forces d'un homme, et, quelle que puisse être son aptitude, il arriverait inévitablement à l'avenir, ou qu'il sacrifierait l'ensemble à l'arrondissement d'Alger ou l'arrondissement d'Alger à l'ensemble.

Non, les vues et les travaux, les opérations d'intérêt général et les détails locaux ne peuvent plus être réunis dans les mêmes mains. Déjà, en 1838, une ordonnance avait créé un sous-directeur à Alger ; cette création était utile dès ce temps-là, et plus d'une fois le directeur lui-même a regretté avec le ministère qu'elle n'ait pas été maintenue. Aujourd'hui, elle est indispensable sous peine de compromettre ou les intérêts publics ou le fonctionnaire qui en est chargé.

Je ne vous parle pas, mon honorable ami, des crédits demandés pour les ports, la colonisation, les bâtimens publics, les routes, les ponts, les barrages, les canaux d'assainissement ou d'irrigation ; la grande et véritable colonisation est là, ainsi que dans la fondation des établissemens qui, en amenant les capitaux et le crédit, amènent inévitablement les bras, le travail, la production et la consommation. Ces crédits se défendent d'eux-mêmes : plus on en donnera plus on hâtera les progrès ; plus on hâtera les progrès plus les revenus et le commerce augmenteront. L'économie ne consiste pas à dépenser peu, mais à dépenser bien.

J'ajoute ici quelques considérations sur les traitemens, parce que l'allocation de ces crédits est plus facilement contestée, parce que les petits employés surtout, dont on ignore trop la vie pénible, le mérite obscur et les constans sacrifices, ne peuvent se faire entendre, parce que, fonctionnaire moi-même, il me faut un certain courage pour toucher à ces questions.

Les meilleures lois ne sont qu'une lettre morte tant qu'elles n'ont pas pour en assurer l'exécution, des hommes intelligens qui leur donnent la vie, des hommes purs qui leur donnent la moralité.

Prenez dans le rebut des administrations les hommes qu'elles n'ont pu utiliser, prenez sur le pavé de vos villes les hommes que les vices du cœur ou du jugement ont conduits à la mi séré, ils se contenteront du morceau de pain que vous leur jetterez... Mais comment feront-ils vos affaires !

Il vous faut en Algérie des hommes jeunes, actifs, intelligens, animés du feu sacré, passez-moi le mot, et surtout de la moralité qui n'est pas moins nécessaire aux gouvernemens qu'aux individus.

Ces hommes, il faut savoir les payer ; c'est une justice, c'est un calcul économique. Il faut qu'ils sachent que leur utilité les protège ; il faut qu'ils se disent que s'ils ne peuvent arriver à la fortune, ils n'auront pas à rougir de leur position et ne trouveront pas, à la fin du mois, des dettes contractées pour les besoins de leur famille.

La vie est plus chère en Algérie qu'en France; les maladies y sont plus fréquentes (un septième des employés est toujours à l'hôpital ou en congé de convalescence); les déplacemens sont plus pénibles, les intallations plus onéreuses.

D'un autre côté, tout est spéculation en Algérie ; la spéculation élève des fortunes rapides, elle dépend plus ou moins du concours direct ou indirect, légitime ou frauduleux de l'administration.

En présence de ces besoins, de ces fortunes rapides, des basses captations de l'avidité, est-il sage de laisser, comme aujourd'hui, la plupart des traitemens au dessous des positions et des attributions ?

Hâtons-nous de le dire, pour l'honneur de notre pays, il n'est résulté aucun abus honteux de la modicité des traitemens ; mais l'État ne peut spéculer sur la probité et les douleurs muettes de ses agens. Dans tout état de cause c'est une économie funeste, croyez-le bien, que celle qui a forcé jusqu'à ce jour de laisser les administrations sans contrôle suffisant, de confier des attributions fort importantes à des agens secondaires, et des recettes de cent, deux cents, cinq cent mille francs à des comptables qui ont 1,800 à 2,400 francs d'appointemens.

Un autre peut-être craindrait de vous parler des frais de représentation ; je l'ose, moi, mon ami, car j'ai tout l'orgueil de ma pauvreté. Je vois dans cette question un principe, et je crois qu'ici encore il a manqué à la commission un terme de comparaison : les obligations.

Le voisinage de la France, l'étrangeté de l'Algérie, son climat, la nouveauté des questions à étudier, les établissemens de tous genres à y fonder, conduisent incessamment dans la colonie des pairs, des députés, des savans, des artistes, des manufacturiers, des capitalistes, des étrangers de distinction, des voyageurs recommandés par des personnages éminens.

Presque toutes les nations s'y font représenter par des consuls, plusieurs par des consuls généraux.

Les autorités militaires y sont nombreuses et occupent un rang supérieur, justifié par les devoirs qu'elles ont à remplir , mais qui s'accomplissent plus souvent à la frontière que dans les villes du littoral.

Les fonctionnaires civils, membres du conseil supérieur, placés à la tête des administrations, dont je vous ai fait connaître les importantes attributions, et qui doivent être souvent consultés, chacun en ce qui le concerne, doivent-ils se contenter de la visite officielle, ou se condamneront-ils à dissimuler soigneusement, pendant une partie de l'année, la gêne secrète qu'ils s'imposent, pour faire honneur à leur position et aux intérêts qu'ils représentent quand les circonstances l'exigent ?

Ce fait, mon ami, est plus fréquent qu'on ne pense.

Napoléon voyait une question d'intérêt public dans celle qui, aujourd'hui, nous paraît un misérable calcul d'intérêt individuel. Il voulait que les traitemens venus de l'impôt retournassent à ceux qui le paient ; il pensait que la représentation, en donnant à l'administrateur un vernis utile, activait le travail et le commerce, donnait la vie à un pays, rapprochait les hommes et facilitait le mouvement des affaires.

Les carrières publiques ne doivent pas conduire à la fortune. Le fonctionnaire, en Algérie surtout, ne doit pas songer à la sienne, il ne doit pas avoir le temps d'y songer ; mais lui refuser, pendant sa gestion, cette portion d'aisance si utile, quoi que l'on puisse dire, à la considération dont l'administration doit être entourée, si indispensable dans l'état de nos mœurs, de notre société et de notre colonie, c'est une économie qui ne semble ni utile, ni digne de notre pays.

Je le répéterai avec vous, mon honorable ami, la plus belle œuvre que la France puisse accomplir, c'est la régénération de l'Algérie; c'est la fondation d'une société civilisée sur le sol de la Barbarie; c'est la création d'un monde nouveau ouvert au commerce, aux arts, à l'industrie du vieux monde.

Mais cette œuvre est pleine de labeurs, pleine de sacrifices.

Vouloir les résultats sans consentir aussi à tous les efforts qu'ils exigent ne serait pas digne de la France.

L'histoire et la raison d'état conseillent d'aller vite.

Les faits vous disent qu'il n'y a pas de colonisation possible sans la domination complète sur les Arabes. Que cette domination ne peut être l'œuvre d'un jour, ni d'une bataille, qu'elle est le prix de l'habileté et de la persévérance.

Que hâter l'installation de la population civile sur le territoire qui lui est ouvert, c'est rapprocher l'instant des compensations.

Refuser la force militaire, refuser la force administrative nécessaire pour affermir simultanément la conquête et la colonisation, ce serait retarder le succès, accroître les dépenses, et peut-être compromettre le tout.